마음에 샘물

| 김 대 엽 清言 시집 |

청옥

●●● 시인의 말

하나의 이익을 얻는 것이
하나의 이익을 제거함만 못하고
하나의 일을 만드는 것이
하나의 일을 없애는 것만 못하다

새로운 것을 추가하는 것보다
불필요한 것을 제거하고
허전한 것은
비우지 않기 때문이며
보약을 먹는 것보다 중요한 것은
몸에 해로운 음식을 삼가는 것
행복을 원한다면
욕망을 채우기보다
욕심을 제거하는 쪽이 현명한 선택

공空에서 마음을 펼치고 느끼며
감성을 채우고 참뜻을 찾아
가장 아름다운 것을 창조하는
詩는
삶에 여유와 사색을 제공한다.

2016. 4. 1.
永晋 김 대 업

차례

제1부 그리움, 사랑

제2부 아름다운 날

제3부 마음과 자연

제1부

그리움, 사랑

파랑 에너지

깊고 넓은 마음
푸른 가슴을 열어주고
하늘과 맞닿은 옷자락
속살마저도 파랗구나

바람과 바다의 대화
파도의 유희遊戲*
이랑을 넘는 물결은
폭포처럼 피어오른다

밀림의 바다
물고기 삶의 터
세상과 시간을 잊으며
생명이 가득한 기운

갈매기의 노래
되돌아가는 바다

* 유희遊戲: 즐겁게 놀며 장난.

홀로서기

서 정 윤

사랑한다는 것으로
새의 날개를 꺾어
너의 곁에 두려 하지 말고
가슴에 작은 보금자리를 만들어
종일 지친 날개를
쉬고 다시 날아가
힘을 줄 수 있어야 하리라

나란한 사랑

생각을 키우는 오솔길
높은 생각 넓은 마음의 하늘
가는 길 비둘기 한 쌍
다정히 쏟아져 발걸음 멈추네

자연의 선물 회색 예쁜 깃
사뿐사뿐 꼬마 요정의 발걸음
앞서거니 뒤서거니 먹이 찾아
서로 둘이 하나이구나

한 마리 날아오르니 이 나무가 내어준 팔
뒤따라 오르니 저 나무가 내어준 팔
하나가 둘, 둘이 하나 된

한 쌍의 비둘기 함께하는 사랑

一而二 二而一의 理氣
일이이 이이일 이기

'둘은 하나이면서 둘이고 둘이면서 하나'의 관계

* 독립된 개념으로 있는 것이 아니라

항상 함께하는 개념이라는 말. (주희)

연정

반복되는 우리들의 만남
헤어지는 아쉬움도
다시 보는 시간에도
하나 되는 그리움

계절을 품고 가는 세월
시작과 끝은 눈으로 보이고
그리움의 시작은 끝이 없네

너도 한 잔 나도 한 잔
나의 마음 한 모금
너의 마음 한 모금
그리웠던 마음은 채워지고
서운했던 잔은 비워지고

가슴으로 퍼지는 향기
끊어질 듯 이어지는
정답게 엮어가는 씨줄

곡신불사谷神不死

谷神不死 是謂玄牝 玄牝之門 是謂天地根 綿綿若存
곡 신 불 사 시 위 현 빈 현 빈 지 문 시 위 천 지 근 면 면 약 존

用之不根
용 지 불 근

⇨ 곡신은 죽지 않으니 이를 일컬어 현묘한 암컷이라 한다.
현묘한 암컷의 문을 일컬어 천지의 뿌리라 한다.
면면이 이어져 항상 존재하는 것 같으니
아무리 써도 힘겹지 않다.

* 곡신谷神은 도의 또 다른 표현, 곡谷이 없이 산山이
존재할 수가 없다.
산의 뿌리가 골짜기란 말이다.
드러나지 않으면서도 뿌리가 되는 곡谷은 비어 있다.
빈牝은 암컷이다. 현玄은 그윽하다. 불가사의함이다.

필사筆寫.

미로美路

봄꽃은 새싹에 밀려나며
바람 품은 비 계절 익어가고
도로 따라 흐르는 물줄기
너 갈 길 있구나

빗줄기 토닥토닥 수면水面을 두드리니
바닷물 간지러워 부드러운 몸부림
밀려오는 너울 파도 너의 길이구나

병아리 색동 노오란
예식장 물들인 어린아이
엄마 길 따라 아장아장
새색시 곱게 단장하니
고운 길 시작되네

시작이 반이 아닌
처음부터 가야할 길
세월 따라 흘러가는 길
추억 속에 담고 담으니
황혼에 피어난 미로美路 되리니

사랑으로

모두가 건강한 당신의 가족
커다란 행복에 감사하며
한 사람이라도 아프면
사랑으로 뭉치게 되고

누구나 고민 불안은 안고 가며
일 사업 출세 등의 세속적인 문제
불안과 스트레스 부르는 원인
생활 자체는 가로막지 않는다

건강한 가족
행복의 절반은 얻고
마음껏 활동할 수 있는 가족들
더 이상 바랄 것 없다

단단히 결속된 가정
사랑이 무엇인지 알 수 있고
가정이 사랑으로 충만 되면
자연스레 사랑의 가정을 이루고
어둠 속에서도 불평불만 보태지 않는
정신적인 안정을 주는 길이어라

결혼관:

원하는 조건에 집착하지 말고

우선 "사람"을 살펴봐야 한다.

자신이 만들어 놓은 조건을 생각하느라 정작

중요한 사람의 됨됨이는 보지 못하는 눈만

높지 말아야 한다.

필사筆寫.

무념無念

햇살이 마음을 잡고 흔드니
생각 속 구름은
어지러워 없어지고
맑게 갠 하늘 길로
바람 사알짝 불어오니
마음에 무거운 짐 싣고
저만치 떠나가네

무관심

죽도록 사랑한 당신
동전의 양면과 같이
미움이나 증오가 일어납니다

넘치도록 사랑한 당신
사랑과 미움의 뿌리가 같습니다

자신과 관계한다고 단정 짓는 마음
무시가 증오에 가까운 사랑의 변형
의식이 거기에 없는 것
생각조차 없는 마음
이웃의 땀 눈물 고심 고생 고민 분노…
귀 기울이려 하지 않는 마음

강 건너 불구경 하듯
바라보는 사람
너의 전쟁과 재해가 있기에
나의 편안한 휴식처가 되듯
불행이 덮칠 수 있는 나

끊임없이 보살펴야하는 우리
사랑의 뒷모습

시원한 사랑

새벽에도 몸으로 느끼는 더운 기운
그리던 임 꿈속에서도 만나지 못하고
잠깐 숙면으로 잠을 청하려니
새늘도 더위에 일찍 잠깨어
지저귀며 투덜대는 소리
일찍 나온 장사꾼 소리와
화음 맞추네

더위 타고 들려오는 날씨
내일 모레쯤 비가 올 것이라고
노래처럼 흐르는 말
메아리 메아리 되어 퍼지고
오늘도 뜨거운 사랑에 빠져있다

기대는 희망으로
기도는 소망으로
하늘 아래로 하늘 위로
바라보는 우리 목 아플까봐
서로 미소 띠우며
너무 뜨거운 사랑 그만하라고
해님이 얼굴을 가리기 시작하네

임 만나는 생각으로 잠든 사이
사랑이 뜨거워 이별할까봐
하늘이 내려준 활짝 핀
웃음으로 반기는 눈물
가슴속 대지를 식혀주니
마음과 정신 자연도
시원한 사랑으로
다시 태어나기 시작하는 비

HOME

이어령

산은 높아서 명산이 되는 것이 아니라
신선이 그 안에 살아야 명산이 된다
강이 깊어서 유명한 강이 되는 것이 아니라
그 속에 용이 살아야 이름난 강이 되는 것이다
집이란? 이웃의 정과 가족의 사랑으로 채워져야
행복한 가정이 이루어진다

솔방울 인연

약속은 사람과 만나고
도로는 자동차와 만나고
휴일은 안락함과 만나고

하늘은 구름과 함께하고
햇살은 소나무도 함께하며
푸르름은 눈빛과 함께한다

소나무 향기는 콧속으로 들어와
우리 가슴속 느낌으로 퍼지고
나무 아래 한 잔 술 코끝에서 만나
입속에서 맛으로 전해져
몸으로 느껴지며 만난다

너의 향기 나의 향기
몸으로 만난 인연의 향기
솔방울 인연으로 전해지니
기다림을 잊었던 솔방울이
한 잔 술 비워지듯 떨어져
흙과 만나니
한 생명 이루어지네

진정한 사랑

얼마나 사랑하나
얼마나 사랑받고 있나
수치로 나타낼 수 있는
깊이를 측정할 수 없는 사랑

남녀 사이에도
가족 간에도
전 인류의 사랑에도
말 형식 동작으로 나타내지 않고
그 자체로 존재하는 사랑

인간의 가장 큰 불행
자신을 필요로 하는 사람
자신을 사랑하는 사람이
아무도 없다고 느낄 때
자신이 아무에게도
도움되지 못한다고 느낄 때

세상에 태어난 사람
살아있는 것만으로 귀중한 존재
우주의 사랑 사람 간의 사랑
삼라만상에 주는 애정의 뿌리와 같은
한없이 베푸는 애정 담고
끊임없이 주고받는 사랑

시인과 나(The Poet and I)

프랭크 밀스(Frank Mills:1942~)

저 맑은 물 숲 속에서
갈잎에 노래하며
아무도 모르게 간직한 사랑

여울물 흐르듯 다가오는
다정한 그 미소
내 맘 속에 가득 찬 사랑의 이야기
내 사랑 떠나버린 마음속의 이야기
그리운 내 마음은 구름에 흐르고

아물던 가지 끝에 아른하게 떠오르고
힘든 밤바람 소리는 내 맘을 달래네

강물 따라 이제라도 되돌아가면
그리운 그 얼굴 그곳에 있나

내 안의 가을

밥도 먹기 싫어요
더위도 먹기 싫어요

너무 차가운 물
배불리 먹으니
내 속에 오장육부가
추위에 떨고 있네요

달빛도 모으고
별빛도 모을 수 있는
화려華麗한 꽃잎 수놓고
수채화
수려秀麗한 단풍 되는

가을의 그리움

인간은 자기가 행복하다는 것을
알지 못하기 때문에 불행한 것이다.

- 도스토옙스키 -

자연의 부력

수많은 자동차 업고
달리는 시내 도로
변두리에서 짐 덜었네

보도엔 간간이 행인
가로수도 인사하고
보도블록 사이로
손잡고 나온 야생초
아픈 발길 스쳐도
웃음 짓네

바람에 날리는 나뭇잎
발걸음에 따라가고
난간과 함께하는
애기 소나무
사이사이 손잡은 거미줄
기다림의 마음 심어주니

만들어진 도로
되돌아가는 자연의 길

우산이 좁아서

복효근

왼쪽에 내가
오른쪽에 네가 나란히 걸으면
비바람 내리치는 길을
좁은 우산 하나로 버티며 갈 때
그 길 끝에서 내 왼쪽 어깨보다
덜 젖은 네 어깨를 보며
다행이라 여길 수 있다면
길이 좀 멀었어도 좋았을 걸 하면서
내 왼쪽 어깨가 더 젖으면 좋았을 걸 하면서
젖지 않은 내 가슴
저 안쪽은 오히려 햇살이 짱짱하여
그래서 더 미안하기도 하면서

신선대神仙臺

부산만 우암반도의 남단 바닷가 절벽 산정山頂
해안이 파도의 침식을 받아 절경을 이루는 곳
산새는 못을 둘러싼 용의 모습과 같고
신선대를 절단하여 도랑을 만들 때
사토에서 혈흔이 나왔다고 전해진
가야진이란 사람이 용이 되어 하늘로 오른
신라 말기 최치원이 신선이 되어 유람하던 곳
무제등 큰 바위가 신선의 발자국과
신선이 탄 백마의 발자취가 있다는데서 유래된
가까이가면 신선이 노는
풍악 소리가 들려왔다고 전해진
정상에 서면 오륙도五六島와 조도朝島가 바라보이는
전경이 뛰어난 부산의 명승지

흐르는 세월

버리고 가는 세월은
묻어둔 무서리*를 꺼내고
마음은 영원한데
오르는 계단이
박자를 맞춰주지 않네

내 앞에 놓인 길은
초로初老히* 가는 길 뿐
흐르는 음악의 이치처럼
마디마디 세월의 흔적 다가와
추임새로 흘러나오네

생각의 속도에 맞춰
세상은 변하는 것
세월을 벗하여 기쁘게 맞이하고
마음 감싸며 토닥토닥

순리에 눈을 감으면
빈 좌석이 기댈 등을 내어주고
기쁨과 마주 앉아
흔적의 정으로 웃노라면

세월은 뜻있게 요리하는

진실한 마음의 삶

* 무서리: 늦가을에 처음 내리는 묽은 서리.

* 初老히: 노년으로 접어드는 나이(길).

기다림

나뭇잎 나풀나풀
기적 소리 불러오고
늦가을 대합실待合室*
마음에서 봄을 찾는다

시간을 돌리는 자동계단*
보고 싶은 새로운 발길
같은 자리 맴돌며
떠나보내고 기다리는
어길 수 없는 약속

마음을 주고 마음을 담고
맞이방 들어온 싸늘한 바람
애기 따라 엄마 가슴속 들면
안내판의 기적이 눈을 울린다

밤새운 호수가 눈을 뜨는
너의 눈길 나의 마음
돌려받을 수 있는
마침표가 없는 그리움

* 待合室: 맞이방=기다리는 방.
* 자동계단: 에스컬레이터.

사랑의 마음은 깊을수록 아름답고
사랑은 은근할수록 그 묘미가 있다.

빈빈대표 김 종 희.

강마을*

마을로 들어오는 맑은 하천
문을 열어주고
햇살 쏟아지는 여름 강가에
일들 그윽하네
계절 따라 왔다가는
초가지붕 아래 제비
서로 친하고 서로
가까이하는 물오리 떼
정자나무 아래는
널브러진 한가로움
몇몇 아이들
뙤약볕 아랑곳하지 않고
긴 시간 돌려보아도
추억은 변함없으니
그리움으로 그린 그림
더 바랄 것이 무엇이랴

* 晋州市 金谷面 斗門里.

세상의 향기는 난향을 최고로 치며
여인의 몸은 감출수록 아름답다.

빈빈대표 김 종 희.

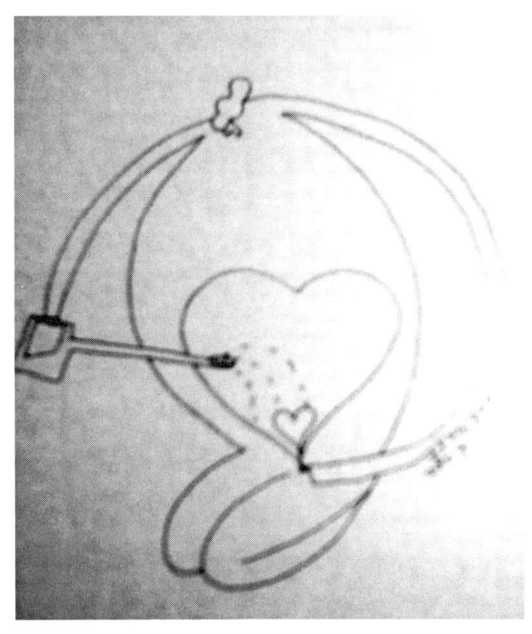

눈먼 사랑

엷은 옷깃 봄바람에
백화가 피고 꽃송이마다
벌 나비가 찾아드는
내 머릿속에 너로 가득 채운
너만을 찾아 헤매는 사랑

당신의 뜻이라면
자꾸만 눈멀어도 좋아
앞이 안 보여도
사랑조차 멀었던가
사랑이 흘러드니
가슴으로 사랑받고

사랑의 결점과 부족함
눈멀어 보이지 않아도
허물을 보아도 보이지 않는
죽을 만큼 사랑하는 당신

앞서거니 뒤서거니
세월을 거슬러 올라가도

남편의 사랑도
자식의 사랑도
한결같은 해바라기 사랑

저무는 들녘
먼 하늘에 묻어두는
순수한 감정

당신의 눈 속에 있는 나를 보며

신 영

당신의 얼굴을 마주하면
오늘의 걱정이 시들해지고
당신의 눈 속에 있는 나를 보며
천진스런 아이를 만나요

당신의 웃음을 마주하면
세상의 시름이 절로 녹아지고
당신의 눈 속에 나를 보며
평안한 어른을 만나요

당신의 깊은 속을 마주하면
내 속의 꿈들이 꿈틀거리고
당신의 눈 속에 있는 나를 보면
나 아닌 나를 또 만나요

당신의 얼굴을 마주하고
당신의 웃음을 마주하며
당신의 깊은 속을 마주할 때마다
당신의 눈 속에 있는 행복한 나를 만나요

막걸리

농부의 따스한 손길
벗어나면 생명의 씨앗
어머니 손길 속에는
하얀 속살로 반짝인다

내 몸 반쯤 부서져
발길이 원하는 모양 되고
따뜻한 아랫목에 누워
누룩이라는 이름으로 탄생

장작불 끓는 물에
몸 던진 고슬고슬한 밥알
어른도 아이도 손이 가는 고두밥
섞고 또 섞어 고이 담으니
따뜻한 아랫목에서
내가 먼저 취해버린 발효

엷은 비단 망
마음껏 즐겨 놀아
뜨거운 관심 받은 부침개
취하는 사랑 나누는 한 잔

함께 있는 동안
대화가 끊이지 않는 것도 중요하지만
잠깐씩 흐르는 침묵이
불편하지 않는 사이가 더 좋다.

필사筆寫.

무심無心

산을 오르는 사람
세포가 산과 일치되어
온몸으로 볼 수 있다

사진으로 보는 사람
산의 참모습을 볼 수 없고
숨이 턱까지 차올라
모든 잡념 사라질 때
피사체被寫體*는 참된 모습

길을 잃고 헤맬 때
어둠 속에서 방황할 때
마음속에 여쭈어보는
진 선 미의 세계

머리로만 생각해서
이성으로 얻을 수 없는 답
육체의 힘이 빠진 무심한 상태
들리지 않는 진정한 목소리

* 被寫體: 사진에 찍히는 물체.

마른 꽃은 책갈피에 끼워서
곱게 말린 사람에게나 소중하지
의미를 두지 않는 사람에겐 쓰레기에 불과하다.

필사筆寫.

제2부

아름다운 날

가을의 길

저 맑은 호수 위로
하얀 솜털구름 떠가고
구름 사이로 내려온 임
가을 그리움 만들어 가네

파아란 나무 물결 사이로
그리운 임의 향기
천자만홍千紫萬紅* 스치고
향기 따라 사랑도 짙어가네

단풍 따라 산길 걸으며
발자국 잠시 서성여도
온산은 낙엽이라
가던 길 발걸음 멈춰도
흐르듯 오르는 길이어라

고요한 나무 잎새는 노래
눈을 감고 나를 잊어도
흐르는 나뭇잎 노래
어느새 마디마디 가을이어라

* 천자만홍千紫萬紅: 여러 가지 빛깔.

존재의 의미

비밀 없이
존재하는 생명체
무언가에 관련을 맺고

성공은
실패하고 단념하지 않았던 것에 대한 보상
행복은
불행을 잘 견뎌낸 당신에게 주는 선물
불행은
고통에 잠긴 사람들의 마음을 배우기 위한 선물
건강은
일생을 힘차게 개척하기 위한 에너지
질병은
수고한 몸을 쉬라는 신호

관련 맺고 존재하는 모든 것
좋지 않은 일
스스로 포기하는 우리
부정적인 결과로 나오고
내부에 있는 당신의 행동

밖으로 드러내는 수단
초월하는 모든 것
받아들임을 의미하고

성공 실패 행복 불행 건강 질병…
담담히 수용하는
진정한 평화

그대의 환생還生

한 줄기 빛이 흐른다
빛을 머금은 아름다움이 커진다
둥근달보다 더 밝게 빛난다
마음도 빛따라 둥글게 모인다
물결처럼 출렁이며 넘쳐 흐른다

꽃잎에 맺혀 구르는
진주 이슬 방울처럼
햇살이 아롱아롱 비치는
다이아몬드 물결처럼
고운 옥처럼 빛나는 아름다움에
마음의 눈마저 감긴다

뻐꾸기 고운 소리
나무 아래로 떨어지고
꾀꼬리 아름다운 소리
짝을 찾지 못하고
뭇 새들 그대 소리에
목소리를 잃어
산하의 초목도 고개 숙인다

가을밤 귀뚜라미 소리
풀 향기 담고 퍼지고
그대 소리는 꽃처럼 피어나
그 울림 꽃 가득 정원 되어
아름다움마저 안고 퍼지니
서시*도 아름다움 잃고 물고기 되었네

* 서시西施(침어沈魚): 월나라 여인, 강가에서 빨래하는 서시를 물고기가 보고 아름다움에 도취되어 헤엄치는 것도 잊어버리고 보다가 점점 가라앉았다고 한다.

지하철의 진실

어깨에 매달려
무임승차한 등산 가방
팔 아파 편안히 자리에 앉았고
선글라스 멋진 중년
바른 자세로 앉기 힘겨워
반쯤 기댄 모습
마음이 바르지 못한가
다리 저절로 꼬여 지네

오가는 승객들 공간 무시
저만치 앉은 한 노인
뱃속에 찬 가스 연이은 분출
승객들 시선 집중 또 집중
앞에 앉은 아가씨
반쯤 조각하다 내민 얼굴
통통한 다리에 부분만 가린 치마
너의 눈은 내 멋진 모습에
나의 눈 어디로 던질까
위로 보고 그림 그리며
옆으로 보고 화랑 되어 펼치고
아래로 잠시 시선 다스리네

나란히 앉은 젊은이
핸드폰 게임 안으로 승차
옆 학생도 열심히 게임 공부
저만치 서 있는 화려한 등산객
산이 지하철 안으로 들어온 매무새
귀 막고 오직 한소리 내는 철길
지하철 내 눈의 만찬

산행 길

더운 사랑 아낌없이 베풀고
마음도 몸도 푸르름도
단장하기 시작하는 시간
겸허히 아래에서 받쳐주는 발걸음
정겨운 산행 길 부르네

누구나 행복을 열어주는 길
길 만난 외국인 여성도 함께하고
건네 보는 한마디
어눌한 대화

지구상에 같은 느낌으로
비탈진 산길 마음을 펴니
편안한 휴식 안겨주는 널바위
초목과 함께 주는
푸르고 젊은 가슴의 유원지

저 멀리 높게 솟은 아파트
젊은 여성의 쭉 뻗은 다리
한 마리 고추잠자리

이른 가을 부르고
산사의 목탁 소리
어리석음을 날려 보내니
친구 맺자 조르는 매미 소리
모두가 공유하는 삶의 길

밤이 아름다운 것은 세상을 감싸주기 때문이다.
벽이 아름다운 것은 적당히 가려주기 때문이다.

빈빈대표 김 종 희.

땅기운

나대지 않는 시간의 흐름
동지冬至를 보낸지 십수 일
찬 기운 사알짝 고개 숙이고
나뭇잎도 기지개 펴려하네

나무 사이 지저귀는 산새들
부드럽고 따스하게 귀 감싸고
나들이 어린들 재잘재잘
하늘로 퍼져 닿으니
따스한 기운 내려오네

겨우내 얼었던 땅
사르르 풀린 듯 젖어들고
사뿐히 밟고 간 발자국
한 폭의 판화 같구나

연습실에서 맴돌던 장구 소리
정각에 나들이 나오니
마음속에 추위
사~알짝 벗어본다

눈맛: 입맛은 반드시 입을 거쳐야 느낄 수 있는
것이라면 눈맛은 가슴으로 느낄 것이다.

빈빈대표 김 종 희.

참새의 자유

산길 한편
초록날개 펼친 설죽*
참새들 자유로이 먹이 찾네

촘촘한 설죽 사이로
거침없이 유영하는 새들
배부름이 행복으로 넘어가니
합창으로 만끽하는 시간

새장에서 길러진 새*
자연을 오가는 새 마음
어찌 알리요

* 설죽雪竹 = 자죽紫竹: 볏과의 대.
* 길러진 새: 인간도 세상의 틀에 갇힌 새와 같은.

그립거나 기다리거나

만남이 있으면
헤어짐이 있고
헤어지면
더욱 그리워지는 법

그리움은 그리움을 낳고
다시 짙어진 그리움은
서러운 그리움을 낳고
더욱 애달픈 그리움은
끝내 나를 무너뜨리곤 한다

그리워할수록
더욱 그리워지니
그리움은
치유가 불가능한 것이 아닐까
그래도 혹여나 하는
마음으로
그리움을 달래볼 요량으로
이래저래
마음을 살포시 드러내본다

소리의 뜨락

하늘과 땅 문화를 창조하고
노래로 인하여 하늘이 열리며
소리를 입으로 가져오지 않고
울림 속으로 들어가는 곳

악기라는 이름으로
소리는 저장되고
아름다운 울림의 근원
공동의 질서가 존재하며
서사적敍事的 이야기를 그린 판소리
소리의 세계를 열어주는 명창
민족적 정서를 함축한 민요
의미를 목소리로 표현하며
길과 성음과 장단이 어우러지는
음악의 코스모스적인
질서가 존재하는
예술의 정원

자기 자신보다 더 사랑스러운 것이 없고
곡식보다 더 귀한 재물이 없으며,
지혜보다 더 밝은 것이 없고
생각보다 더 빨리 변하는 것이 없다.
이것을 깨치는 것이 기도이다.
- 잡아함경 -

도림사 **정찬** 스님.

하얀 열정

사랑받고 자라난
하얀 마음
꿈을 두드리며 흐르고
열정이 더하여 스며드니
고운 소리 실크 되어 엮어지네

그대가 내민
민들레 같은 하얀 손길
솜털에 실어 보내는
별 같은 마음
화려함도 드러내지 않고
거친 마음에 사랑도 심어주고
그칠 줄 모르는 열정
아낌없이 건네주는
그대만의 하얀 꽃

별들이 떨어져 피었다는
민들레 같은
새하얀 진실

부인을 먼저 떠나보낸 남편이
경비 근무 중 저녁에
평소대로 문자를 보낸 말
“여보 내가 오늘 일찍 못 들어가니
문 잘 닫고 춥지 않게 일찍 자구려”
아내가 없는 줄 인지하고
그 뒤로는 문자를 보내지 않았다.
(부인 폰을 며느리가 가지고 있었음.)

필사筆寫.

이승과 저승

영혼을 믿는 사람
사후세계도 인정하고
유익한 가치관을 제공한다

사후의 극락세계
세상을 풍요롭게 살게 하며
악덕 행하는 것을 막고
육체는 시간과 공간에서 살며
죽음은 육체가 사라지는 것
윤회는 저승에서도 거듭된다

마음과 영혼은
다른 시간 공간에서도 존재하며
영혼은 죽음이 없다

이미 저승에 있는 우리
육체에서 벗어날 때
마음과 기억 인격 영혼이 나타나고
영혼은 육체를 벗어나기 전의 상태

저승은 본적지 이승은 현주소
그림자처럼 붙어있는 동반자

세상은 착한 사람을 사랑하지 않아요.
세상은 착한 사람을 미워해요.
세상은 착하게만 살면 모든 게 잘 될 거라고
믿는 사람을 배반해요.

필사筆寫.

원칙

목적이 있는 사람
달성을 향해 꾸준히 나아가고
목적이 없는 사람
나침반 없는 배와 같이
어디로 향하는지 모른다

인생의 나침반
언제나 궤도를 수정할 수 있고
삶의 차원이 달라지면
목적도 바뀌는 것

일이나 가정에서
빈틈없는 거창한 계획보다
간단한 원칙을 세워 실천하고
교육 방침도
단순한 원칙이 깔려있다

나침반과 같은 원칙
옳고 그름을 구별하는
삶의 표지판

진정한 아름다움은
서로를 살피고 아끼는
헌신적인 나눔 속에서 피어납니다.

필사筆寫.

창 너머

마시는 커피 한 잔에
그릴 수 있는
당신의 미소

목욕탕 물결에
볼 수 있는
당신의 일렁이는 모습

보내온 따뜻한 물결
벗은 살결 물들이고
틈새로 스미는 공감共感

그림으로 밀려오는
생각의 향기

남성과 여성은 다르면서도 같은 이유로 싸운다
여성은 남성이 상대를 더 배려해 주기를 바라고
남성은 여성이 여성 자신에게 너무 심취하지
않기를 바란다.

필사筆寫.

시작

실수하고 싶지 않아
창피당하고 싶지 않아
철저히 준비하자

가능성은 자신조차도 모르고
경쟁에 참여해야 당선되며
복권은 사야 당첨된다

인생의 극본가 연출가는 자신
성공한 사람은
소질 기회 장소를 갖추고
적극적인 태도를 지니고 있다

실패를 두려워 마라
용기와 계산이 동시에 필요한
인생은 한번쯤의 모험

두 종류의 시간

둘은 한쪽이 조금 불편한 대신
시간을 공유할 수 있고
하나는 조금 편한 대신
나를 비춰줄 거울이 없기 때문에
자신을 온전히 바라볼 수 없다.

필사筆寫.

뿜

화가의 손에 그려진 그림
이름을 붙이기 전에는
떨어져 뒹구는 낙엽

마음으로 들어온 노랫말
이름을 붙이지 않더라도
저절로 그려지는 데생

조각 무늬로 이어진 마음
완성되어 부른 민요
불빛에 핀 소리의 꽃

우리들의 빛난 음성
무대에 퍼지는
별빛이어라

싫다고 도망가기는 쉽지만
싫은 것을 마주보며 이겨 내기란 어려운 법.

필사筆寫.

부채춤

그림이 꽃으로 피어나고
장식이 화려함을 넘나들어

펴고 접고 돌리고 뿌려지며
펼쳐지는 포물선은
뻗어있는 팔의 선

가라앉은 듯 조용하고
솟아오르는 듯 약동적이고
명상으로 젖어든 듯
정열적으로 피어오르고

수련꽃 의상 속에
활짝 핀 연꽃
물결 따라 춤추듯
부채 꽃으로 춤을 추니
하늘 아래 나비 되었네

욕심을 비우니 작은 행복의 싹이 돋아나고
생각을 비우니 자연도 네게 맞춰주네.

필사筆寫.

무대의 달

몸동작으로 내려와
살결로 일렁거리고
풍요롭게 비친 빛
둥글게 내려앉은 치마

흰 구름 감싸고
어둠이 함께하여
바다 물빛으로 전해주는
상상력의 맑은 설렘

젖어든 빛
어둠과 합해지고
생명이 흘러
점진적으로 성장하고

그리움과 정이 녹아
여성적 포근함이 담긴
달빛으로 차오른
둥근 몸짓

* 시립무용: 월月.

인자함은 지나쳐도 문제가 없지만
정의로움이 지나치면 잔인한 사람을 만든다.

필사筆寫.

경고* 춤

눈으로 안고
머리로 채색하고
가슴으로 밀려 들어와
전신에 부딪치는 파도

손끝으로 그려지고
경고로 잡은 손이
동그랗게 돌아드는
느낄 수 없는 여린 감촉

발끝으로 다가오고
몸짓 따라 퍼지는
율동의 향기

온몸
마디마디 전해지는
저린
마음의 늪

* 경고: 손에 들고 춤추는 작은 장고.

나아갈 곳을 얻어서 아름다움을 감상할 수 있고
아름다움을 감상할 수 있어서 즐거움이 있고
즐거움이 있어서 버릴 수 있다.

필사筆寫.

아름다운 만남

귀로 담아 엮어내고
손으로 돌아 자아내며
가슴에서 흘러나오는
우리의 소리

이슬방울이 모여
떨어질 듯 튀어 오르는
담백하고 청명清明한 고토*

흐르고 구르고 울리고 꺾이고
오르는 소리
손끝이 줄을 타고 흐르는
가야금

한・일 문화교류의
조화로운 동행

* 고토: 거문고와 비슷한 일본악기(손가락에 인조 손톱을 붙이고 연주)
〈부산국악원 연주〉 2015.12.22.
가야금과 고토의 하모니.

자만심:
자신을 깊이 돌아보지 않고
자신의 경험과 생각이
옳다고 착각하여 행동하는 성급함.

필사筆寫.

돌의 예藝

부드러움으로 탄생하여
수천 년 묻혀진 마음
영구적인 신성성을 안고
부패하지 않는 자태

대지에 힘을 받쳐주고
소박한 마음은 돌로 쌓고
수많은 시련 엮어서
보석으로 탄생하며
석공의 눈물이 피운 꽃
돌의 미소로 거듭나고

숨은 신명을 깨워
어둠 속에서 빛이 깨어날 때
우주의 생명
율동과 리듬을 심어주는
춤으로 탄생한다.

영진永晋의 꿈

언제나 맑은 공기와 새소리
앞 뜨락에 잔디 내음 일고
조금 늦은 아침밥의 여유
가끔 수익 안고 오는 선화벨
냉장고가 주는 고기 한 점
참기름 같은 중식 되고
스르르 눈 감기니 낮잠 흘러라
깨어나 맑은 하늘과 친구 되고
둘러맨 가방에 신선주* 한 병
바다에서 온 포脯* 안주도 숨어있네
가벼운 발걸음 되는 뒷산
성곽 길 있어 밟으니
옛 백성들의 자취이어라

대臺*에서 바라본 문화회관
문화의 향기 산을 감싸고
편안한 쉼터의 전원 테라스terrace
펼쳐본 마음에 향기로운 책
조용한 가슴속에 스며드는 글
사알랑 살랑 부는 바람
세속의 정신도 벗어 버리네

한 잔 신선주에 뭇 향기 담기고

바다가 부른 포脯의 맛

초록으로 감싸 들어오고

서투른 단소 소리 새들도 함께하고

문화의 향 책의 향 단소의 향

내 속에 옮게 퍼진 신선주의 향기

먼 예날 장주莊周*의 꿈보다

더 넓은 꿈이로다

나뭇잎 연주하여 흐르는 가곡

가슴에 채워지니

삶의 꿈이

여기에 있었구나

* 신선주: 막걸리.
* 脯 : 저미어 말린 고기.
* 臺 : 높고 평평한 곳.
* 莊周: 장자를 말함.

사람은 배우면 배운 그 테두리를
벗어나기 힘들다
배운 만큼 사고하고 배운 만큼만
표현하기 쉽다.

필사筆寫.

제3부

마음과 자연

무의미

마음을 열고 귀 기울이면
당신을 위한
또 하나의 작은 목소리

인생의 노정에서
일의 과정에서
사랑의 문제에서
가만히 의식의 밑바닥에 잠기고

꾸미지 않는 마음
단순한 마음
허세나 자존심을 버린
순수한 마음
당신 안의 신령한 존재
당신을 가르쳐 주고

당신과 사회
우주와의 조화
작은 속삭임
귀 기울이면 들을 수 있는
자그마한 목소리

진정한 자유

연은 실을 잡고 있을 때
창공을 힘차게 날아오르지만
실이 끊어지면
방죽에 바로 빠져 버린다.

필사筆寫.

여분餘糞

한 동물이 밀어낸 똥
길 위에서 세상을 관조觀照하고
네가 있을 곳 아니구나

주인이 누구냐고 물었더니
입이 말라 말 못하고
눈짓으로 하는 말

내가 그를 키웠는데
이렇게 허무하게 버려졌다네

* 관조觀照: 고요한 마음으로 사물이나 현상을 관찰하거나 비추어 봄.

밉게 보면 잡초 아닌 풀이 없고
곱게 보면 꽃 아닌 사람이 없으되
내가 잡초 되기 싫으니
그대를 꽃으로 볼 일이로다.
- 이채 -

그대 마음속

더운 여름날도 그대 마음
산행 길 기쁨도 그대 마음
삶의 짐 지고 가는 무거운 발걸음
그 짐 안고 가는 가벼운 발걸음도
너럭바위 손짓하여
안락한 휴식 얻고
산새 소리 초록 바람 소리
오가는 산행객 모습에도
계곡 물줄기 화음 속에도
초록 향기 품어내는 나무
그대의 소리 전하는 매미
마음에 짐 벗고 들어간
그대 마음속

감상感想

절화행折花行

- 李奎報이규보 -

牧丹含露眞珠顆(목단함로진주과)
美人折得窓前過(미인절득창전과)

含笑問檀郎(함소문단랑)
花强妾貌强(화강첩모강)

檀郎故相戲(단랑고상희)
强道花枝好(강도화지호)

美人妬花勝(미인투화승)
踏破花枝道(답파화지도)

花若勝於妾(화약승어첩)
今宵花同宿(금소화동숙)

진주 이슬 머금은 모란꽃을
미인이 꺾어들고 창 옆을 지나며

살짝 웃음 띠고 낭군에게 묻기를
"꽃이 예뻐요, 제가 예뻐요?"

낭군이 짐짓 장난을 섞어서
"꽃이 당신보다 더 예쁘구려."

미인은 그 말 듣고 토라져서
꽃을 밟아 뭉개며 말하기를

"꽃이 저보다 더 예쁘시거든
오늘밤은 꽃을 안고 주무세요."

비우면 비울수록
더욱 막막하게 넘쳐 나는 눈부심
아무 말로도 말할 수는 없는 눈부심
사랑이 그와 같으니
모두 소리들을 넘어선 고요함으로
비로소 울려 나오는 음악이 되게 하라.

필사筆寫.

샘물이어라

비와 땅 나무가 맺어준 인연
돌 틈 그릇에 담은
가득한 맑은 사랑
돌길 따라 흐르고

옥빛 담은 맑음
우거진 풀숲 속에서
가는 길 되돌아보고
낮은 곳으로 흘러 겸허한 자세

하늘에 맑은 소리
나무에 푸른 소리로
우리에 웃음소리 전하고
그 소리 바다로 퍼진다

옥빛이 만나 쪽빛 된 바다
별빛이 총총 뿌려지는 밤
햇살 반짝반짝 쏟아지는 낮
아롱아롱 우리들 미른 마음속

넘쳐 흐르는 세상에 샘물

마음정원

내 안에 펼쳐지는 여행
역동적인 변화와 창조의 여정
높은 하늘로 오르는 건설자
넓은 바다가 길러내는 풍요로움
끝없이 나아가는 자기 최면의 길
마음에 생각을 심고
낡은 방식을 깨뜨려 미래를 보고
상상 속에 우리의 변화가 자라고
긍정적인 결과의 짜릿한 경험
우정과 영혼의 친구를 믿고
눈길 따라 직선의 길로
생각 따라 곡선의 길로
풍요롭게 펼쳐 이끌어가는
내 안의 향기

여울목

감동을 주고
삶의 의욕을 고취 시키는 것
분노와 의욕 상실의 원인
공간과 반발심
사람 감정의 미묘한 흐름
마음이 감동할 수 있는 사람
동물과 사람의 차이점
사람은 사람에게 감동하고
지知가 아닌 감동에
능력 이상의 힘을 발휘하고
정情에 따라 움직이며
이해관계를 초월하고
옳고 그름을 따지지 않고
감정에 따라 움직이는 사람
주위에 아무런 관심 두지 않고
자신의 일에만 전념하는 당신
도움의 갈채 소리를 듣고
도움 주려고 내뻗는 손을 보고
하던 일 멈추고 가끔 주위를 둘러보는
돌아드는 삶의 포석정

중년의 가슴:
담백하게 받아들일 줄 아는
여백을 품는다.

빈빈대표 김 종 희.

전원의 삶

어찌하여 복천동이냐 물으면
선사시대 느낌 받는 고분
고고함을 닮은 학산
충신을 모신 충렬사

저 앞 황령산 뒤에 유방산
옛 동래고을 지키던 성곽
망루에 앉으니 망중한
산허리 한편 편백나무 군락
시가 있는 오솔길
한가로이 거닐 수 있어 좋고
산 아래 동래문화회관
문화의 향기 펴져 오르고
힘겹지 않는 걸음으로
앞에는 동래시장
살아가는 방법을 전해주니
조용하고 소박한 삶
육체와 정신의 건강이 느껴져
이곳에서 별천지로 산다네

세상의 마음

봄기운 둘셋 가슴에 스미고
동래향교 석전대제釋奠大祭*
성현의 언어 향기 함께 맡으며
새싹 내음 물씬 나는 산행 길
청설모 먹이활동 분주하구나

나는 여기 벤치에
너는 거기 나무 아래서
잠시 쉬며 눈빛 잠깐 오가네

과자 한 조각 던져 주니
나무 위로 줄행랑
바라지도 않는데 놀라게 했구나

냄새 맡은 까치 다가와
나와 나누는 눈빛
어찌 청설모와 다르니
내 마음 청설모 마음이구나

준다고 덥석 받지 않고
순수하게 노력하는 청설모
남의 먹이에 다가오는 까치
세상의 마음 같구나

* 석전대제釋奠大祭: 문묘, 공자孔子를 비롯한 선성先聖, 선현先賢에 제사 지내는 의식.

풋풋한 설렘

설렘
그 황홀함에 대하여 묻는다
언젠가부터 우리는 이 단어를 잊었다
사실 그냥 말만 함께해도
화끈거리고 기분 좋았던 적이 있었는데

그 설렘을 다시 갖는다는 것
그것은 살면서 갖는
또 하나의 축복이 아닐까 한다
풋풋했던 그 시절을 생각하면서
앳된 마음을
다시 한 번 읽어 보도록 한다

필사筆寫.

마음의 눈

좋은 감정
싫은 감정
만남부터 좋지 않은 느낌
살면서 많은 사람을 만난다

순식간에 나름대로의 해석
수만 년 전생으로부터
우리의 영혼이
상속받은 재산

보이지 않는 것을 보고
들리지 않는 것을 듣고
만난 사람의 인상을 파악하는
마음의 눈

겉모습에 눈멀지 말고
본질을 파악하는
올바른 직관력

學易而好難(학이이호난)

배우기는 쉬울지 몰라도 좋아하기란 어렵고

行易而力難(행이이역난)

행하기는 쉬울지 몰라도 꾸준히 하기란 어려우며

恥易而知難(치이이지난)

부끄러움을 느끼기는 쉬워도

왜 부끄러운가를 알기란 어렵다.

필사筆寫.

질질 국밥

추위를 싫어하는 겨울
구름이 비를 내려주고

학이시습지學而時習之
불역열호아不亦說乎我
시민강좌 수강 길, 그 국밥집

"어서 오오 세에 요"
우산도 나와 함께 들고
"우산 꽂이요 물이 질질 흐르는데"
당신 말이 더 질질 흐르네
머리의 입에서 한마디

하얀 밥과 수육의 만남
"마싣게 드으 세에 요오"
수육도 촉촉한 살결로
아줌마들 말투 배우고 익힘이 안돼요
맛으로 이끌린 국밥집
"안녕히 가아 세에 요오"

인생은 농담처럼 가볍게 지낼 수 있는 것보다
진지하게 무거운 일이 더 많다는 것.

필사筆寫.

만남

밤공기 상쾌함이
콧속으로 들어와
마음에 맑은 샘솟는
시월의 어느 날

서면 장안의 가등은
지상의 작은 별들처럼
반짝반짝 빛나고

친구들 만남을 반기듯
바다의 맛 담아와
입속으로 전해주니

가등과 함께 빛나는
우리 만남의 행복과 기쁨
변함없는 작은 빛이어라

중년의 삶

친구여
나이가 들면 설치지 말고
미운 소리 우는 소리 헐뜯는 소리 그리고
군소리 불평일랑 하지를 마소
알고도 모르는 척 모르면서도 적당히 아는 어수룩하소
그렇게 사는 것이 평안하다오

친구여
상대방을 꼭 이기려고 하지 마소 적당히 져주시구려
한걸음 물러서서 양보하는 것 그것이
지혜롭게 살아가는 비결이라오

친구여
돈돈 욕심을 버리시구려
아무리 많은 돈을 가졌다 해도
죽으면 가져갈 수 없는 것
많은 돈 남겨 자식들 싸움하게 만들지 말고
살아있는 동안 많이 뿌려서
산더미 같은 덕을 쌓으시구려

친구여
그렇지만 그것은 겉 이야기
정말로 돈을 놓치지 말고
죽을 때까지 꼭 잡아야 하오
옛 친구들 만나거든 술 한 잔씩 사주고
불쌍한 사람을 보면 베풀어 주고
손주 보면 용돈 한 푼 줄 돈이 있어야
늘그막에 내 몸 돌봐주고

모두가 받들어 준다오
우리끼리 말이지만 이것은 사실이라오
옛날 일들일랑 모두 다 잊고
잘난 체 자랑일랑 하지 마오
우리들의 시대는 다 지나가고 있으니

아무리 버티려고 애를 써봐도
가는 세월은 잡을 수가 없으니
그대는 뜨는 해 나는 지는 해
그런 마음으로 지내시구려

나의 자녀 나의 자손 그리고 이웃 누구에게든지
좋게 뵈는 마음씨 좋은 이로 살으시구려
멍청하면 아프면 안되오 그러면 괄시를 한다오

친구여
아무쪼록 오래오래 한세상 살으시구려

- 법정스님이 설하는 삶 -

동심同心

동심童心을 잃지 않은 친구와
산이 호수로 착각해 둘러싼 바닷가
우리들 정원 되어 마음에 담았네

처음 만난 사람과 미소담은 한마디
해변에서 찾은 소라의 맛으로
한잔 술 오가며 마음 같이 취해보네

자연의 순수함으로 느낌 받으니
오랜 진인처럼 넉살스런 대화
그 느낌 갖고자 사진 속으로 들었네

마음에 자연을 담은 사진
동심童心으로 지인께 전하니
동심同心이 나에게 돌아오네

자연은 붙잡지 않는다

동과 서는 해와 달의 문
잠시도 한곳에 머물지 않으며
모든 집의 등불 되네

길 없는 길 떠가는 구름도
바람에 몸을 맡겨
하나 되어 흐르는 하얀 마음

봄 숨결 맡으며 피어난
사계절 안고 도는 물레방아
꽃잎 떨구며
초록 한껏 안고 돌아가네

사람도 자연 속에 한 점
강물 따라 춤추는 모래알처럼
나란히 손잡은 철길처럼
서로를 붙잡지 않는
자연의 길이어라

세상이 아름다운 것은
세상을 바라보는
당신의 마음이 아름답기 때문입니다.
- 이채 -

에필로그epilogue

살면서 누군가를 좋아하고
그와 사랑하는 일은
아주 귀한 일이다

나 하나를 이해하는 것만도
버거운 세상
또 다른 세상을 이해하고
그 세상의 동의를 받아내는 것만큼
더 귀한 일이 아닐까

무덤덤하고 어렵게만 여겨지는 詩
詩 안에 이런 감정이
고스란히 표현될 줄은 몰랐다

살아가는 일은 다 같은가 보다
시간과 공간은 달라도
마음은 사람 마음은
행복하고자 하는 마음은
같은 법이니깐

우리의 마음
그 마음이 다르지 않다는 것을
詩로 인하여 공감하고
느낀 것만으로도

우리의 '詩 공감'은
괜찮은 여정이 아닐까
게다가 네 곁의 사랑과 삶의 소중함을
확인할 수 있지 않을까?
일상의 소소한 눈길들
그리고 자잘한 부딪힘에 대해 설렐 수 있는 것

바로 그 순간이 詩의 발견이요
새로운 세상의 시작이 아닐는지

- 시로 세상을 그리는 마음으로 -

남자는 머리로 사는게 아니라
뜨거운 가슴으로 산다.

필사筆寫.

김대업 제1시집

마음에 샘물

인쇄: 2016년 4월 22일
발행: 2016년 4월 27일

지은이: 김대업
펴낸이: 최경식
펴낸곳: 도서출판 청옥문학사
인쇄처: 세종문화사

출판등록 제10-11-05호
E-mail: kyu500@hanmail.net
전화: 051-517-6068

값 10,000원

ISBN 978-89-97805-47-1 03810

이 도서의 국립중앙도서관 출판시도서목록(cip)은 서지정보유통지원시스템 홈페이지(http://seoji.nl.go.kr)와 국가자료공동목록시스템(http://www.nl.go.kr/kolisnet)에서 이용하실 수 있습니다.(cip2016009895)